MW00943019

To:

From:

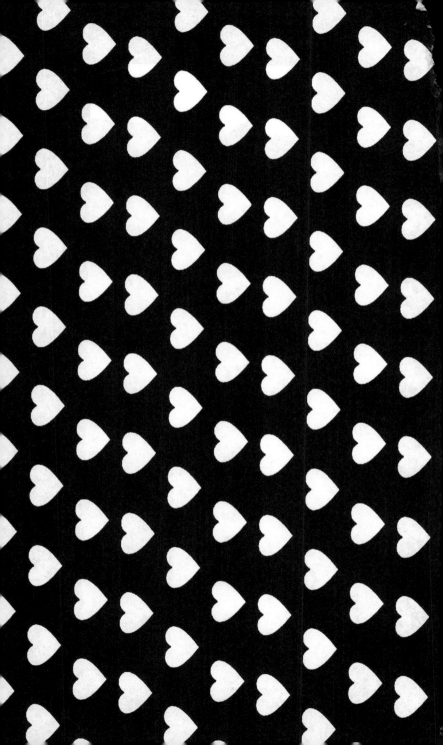

COUPON

good for one

Wild card

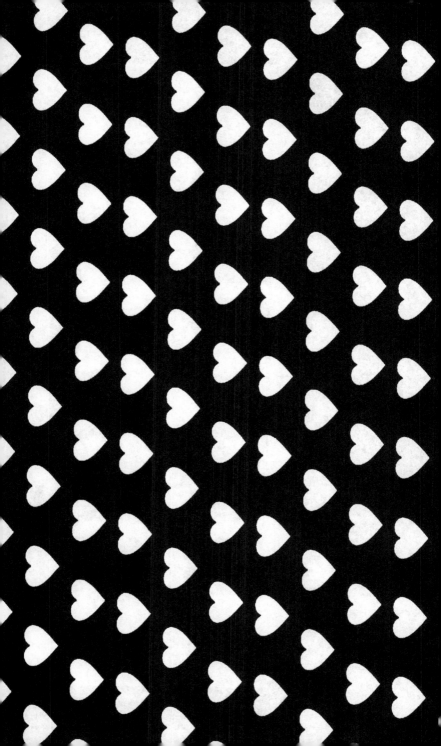

COUPON

good for one

morning sex

COUPON

good for one

try out a new position

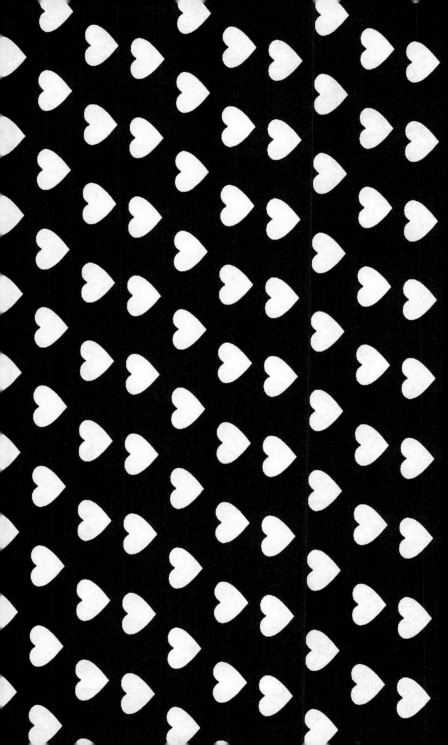

COUPON

good for one

Quickie

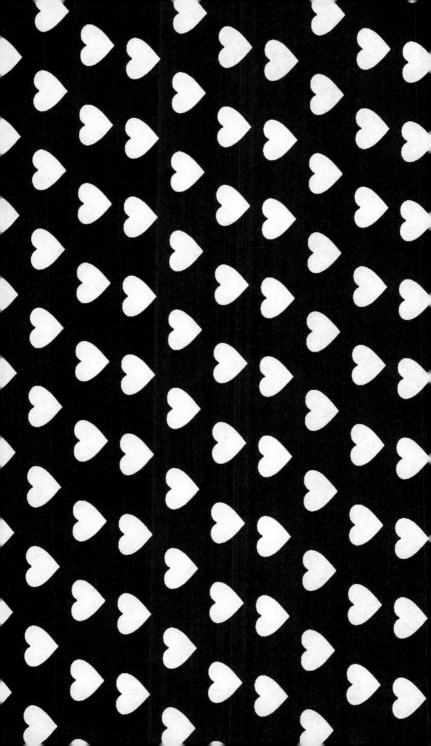

COUPON

good for one

toy store visit

COUPON

good for one

Oral pleasure

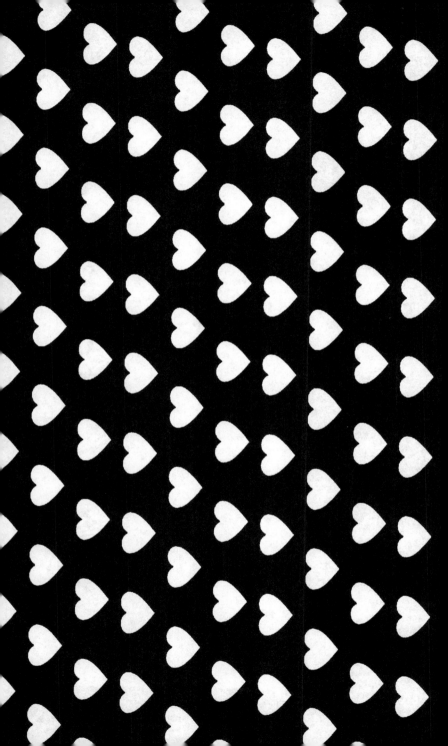

COUPON

good for one

Photo sheet

COUPON

good for one

Lap Dance

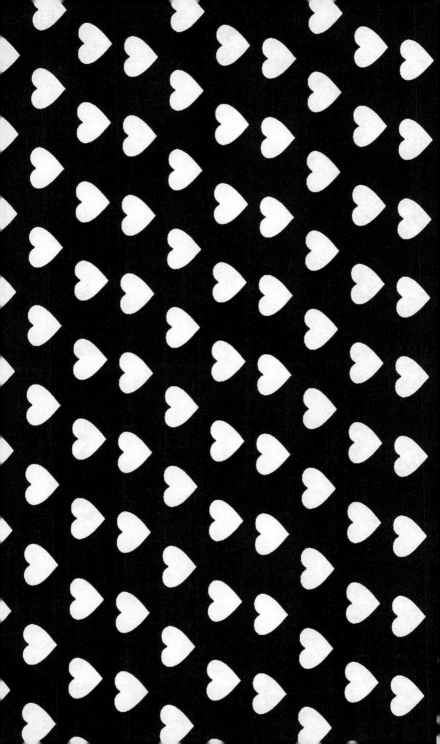

COUPON

good for one

Wipped cream

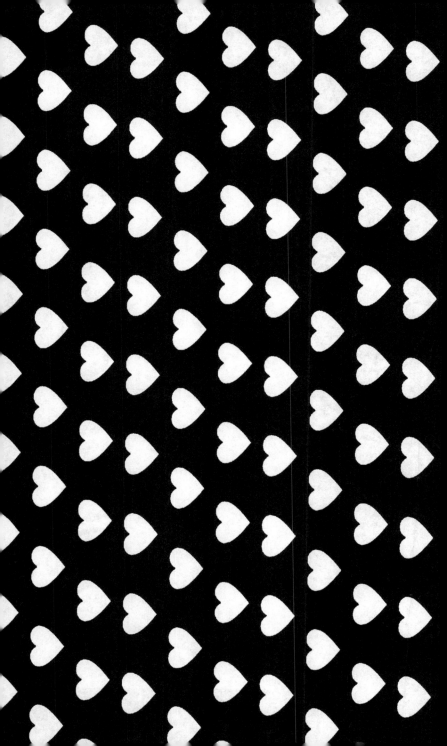

COUPON

good for one

Passionate kiss

COUPON

good for one

Shower for two

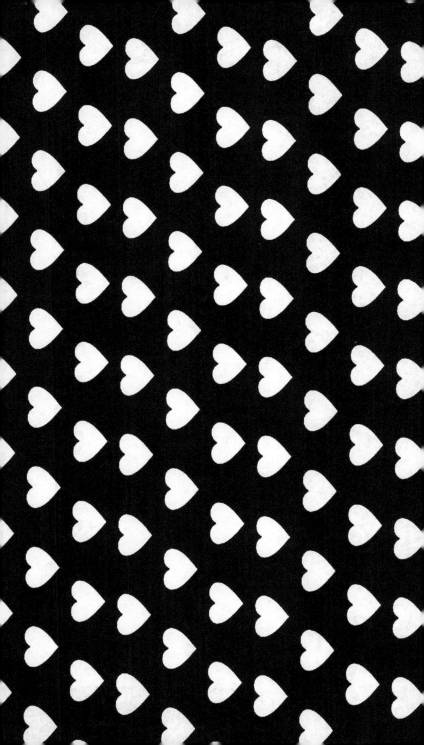

COUPON

good for one

Role playing

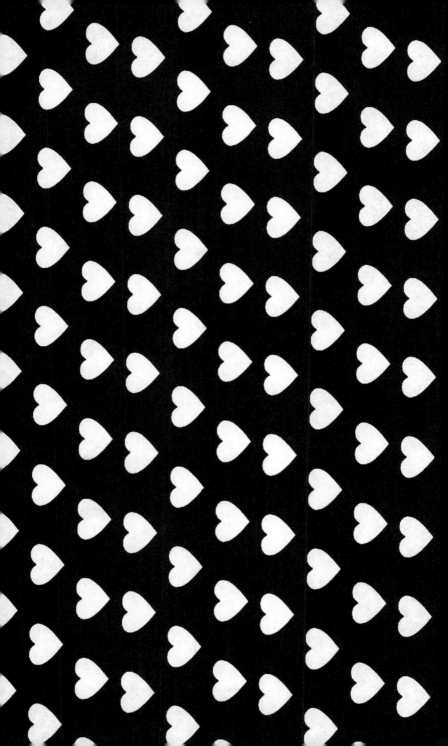

COUPON

good for one

watch a porno

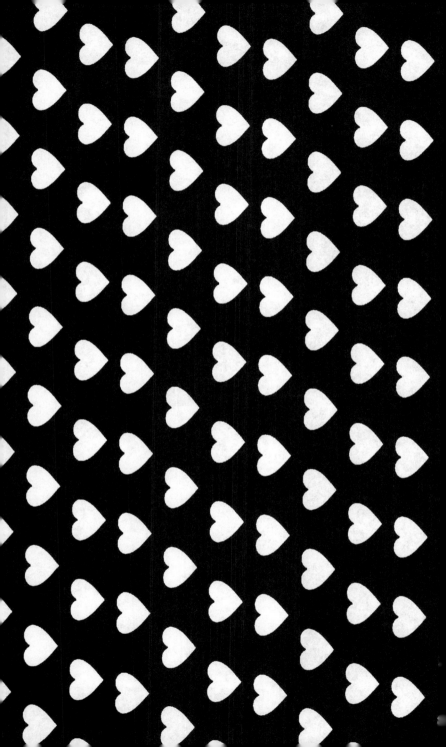

COUPON

good for one

anywhere, anytime

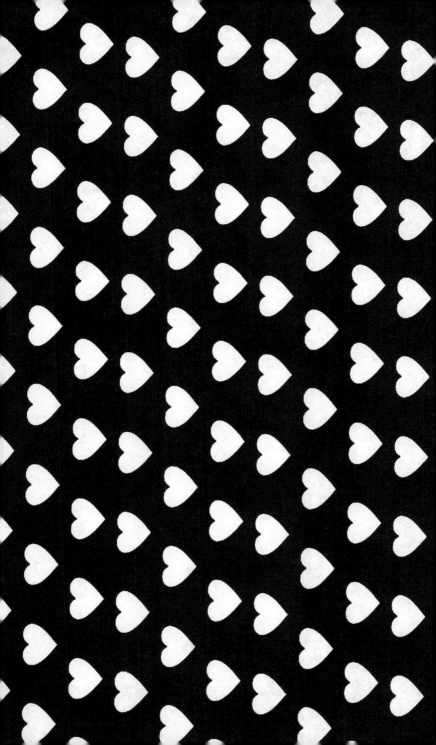

COUPON

good for one

bubble bath for two

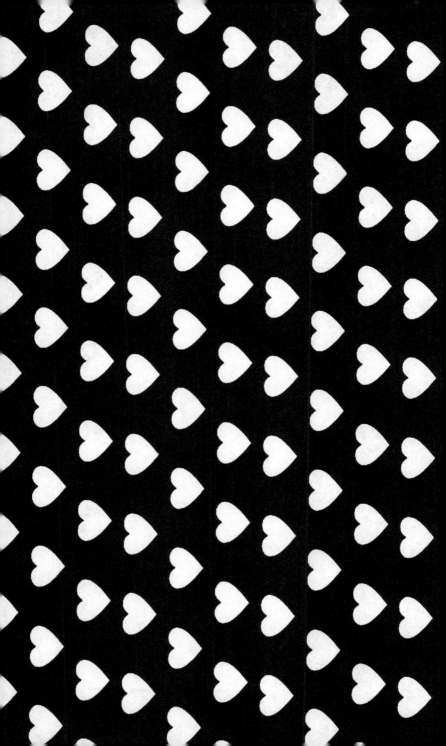

COUPON

good for one

strip tease

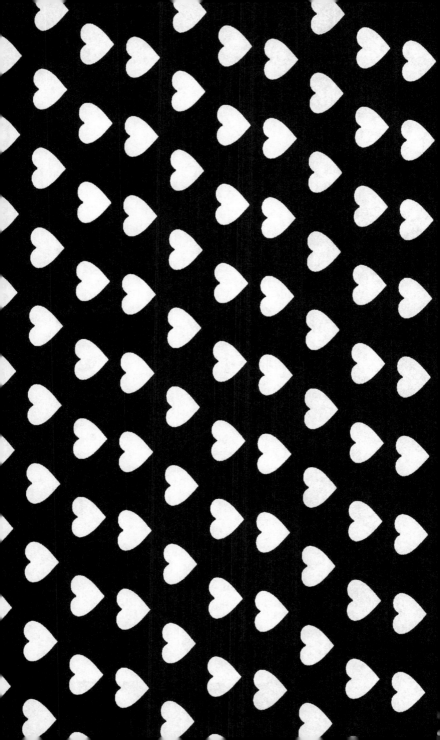

COUPON

good for one

seductive massage

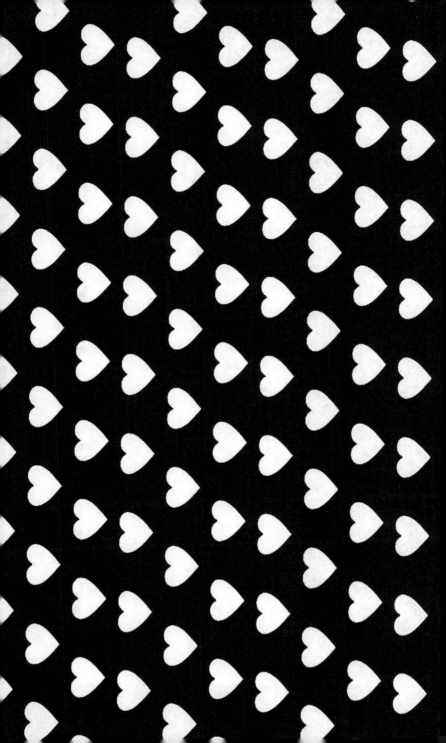

COUPON

good for one

kinky sex

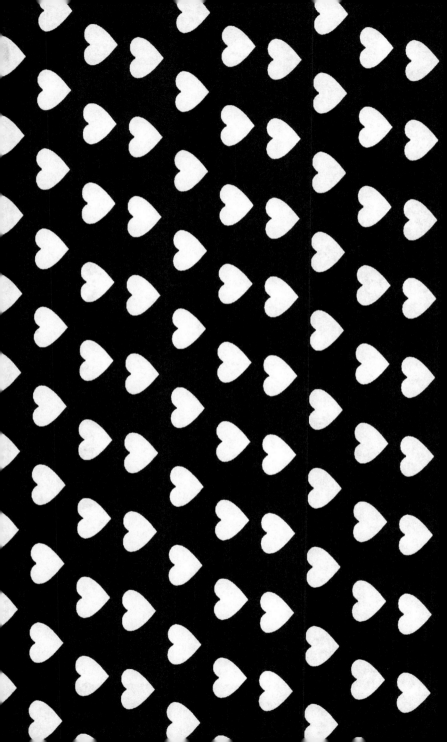

COUPON

good for one

Fun with Chocolate

COUPON

good for one

Position of choice

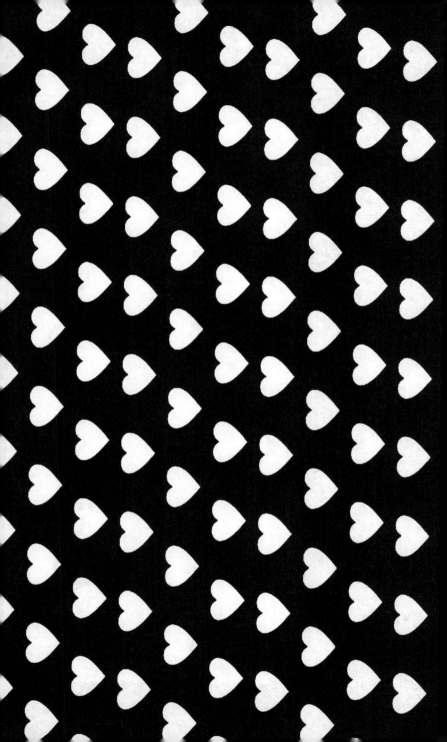

COUPON

good for one

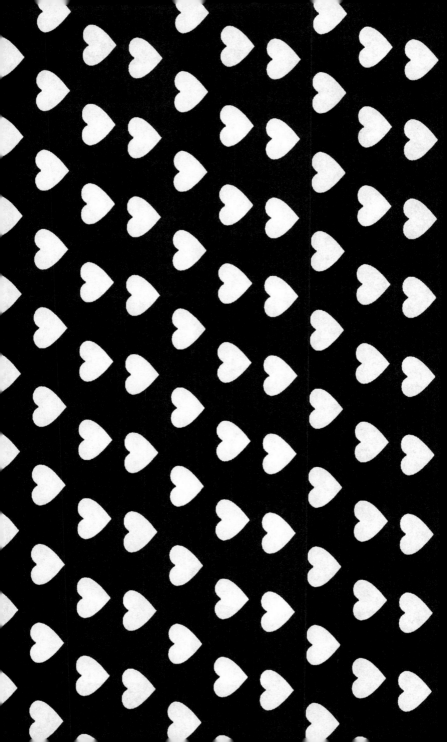

COUPON

good for one

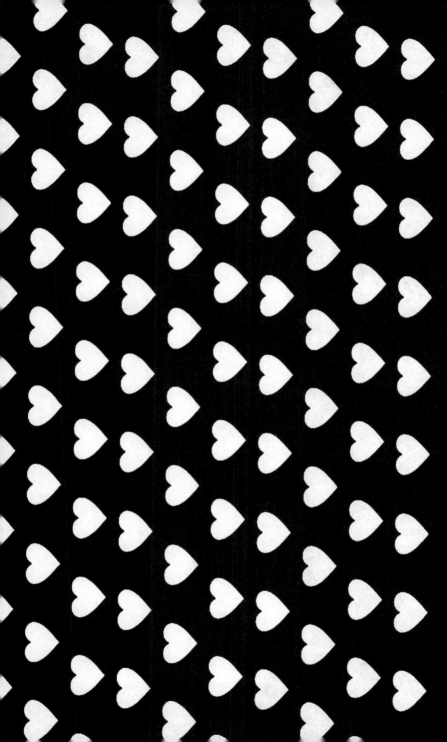

COUPON

good for one

COUPON

good for one

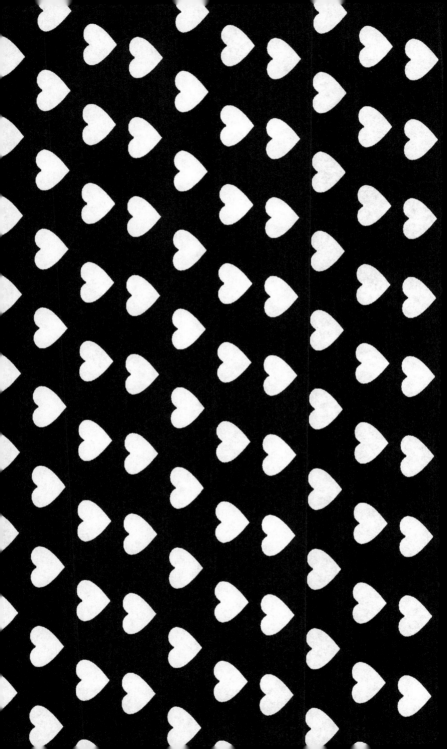

9 781797 920467